Akshay Jain
Divya Divya
Dinesh Kumar

Análise de desempenho de classificadores utilizando a ferramenta de extração de dados

Akshay Jain
Divya Divya
Dinesh Kumar

Análise de desempenho de classificadores utilizando a ferramenta de extração de dados

ScienciaScripts

Imprint

Cover image: www.ingimage.com

This book is a translation from the original published under ISBN 978-3-330-33152-5.

Publisher:
Sciencia Scripts
is a trademark of
Dodo Books Indian Ocean Ltd. and OmniScriptum S.R.L publishing group

120 High Road, East Finchley, London, N2 9ED, United Kingdom
Str. Armeneasca 28/1, office 1, Chisinau MD-2012, Republic of Moldova, Europe
Printed at: see last page
ISBN: 978-620-8-20326-9

RESUMO

Recentemente, a classificação através da extração de dados tornou-se notavelmente estabelecida no domínio da medicina. A aprendizagem automática é um domínio em rápido crescimento para compreender e analisar grandes quantidades de dados de saúde. Esta investigação centra-se na análise do desempenho de diferentes técnicas de classificação de conjuntos de dados de saúde utilizando o programa de aprendizagem automática Weka. Aplicámos diferentes classificadores a quatro conjuntos de dados médicos para determinar o melhor algoritmo de classificação. Os resultados mostram que o algoritmo J48 e o algoritmo de floresta aleatória apresentam os resultados mais prometedores de todos os algoritmos de classificação.

ÍNDICE DE CONTEÚDOS

INTRODUÇÃO

1.1 Visão geral

A informática no domínio da saúde é um vasto domínio em que os algoritmos de extração de dados são utilizados para obter resultados úteis a partir de conjuntos de dados médicos [1]. A extração de dados tem muitas aplicações potenciais no sector da saúde. Recentemente, os investigadores têm-se concentrado na extração de dados médicos para processar eficazmente os dados relativos aos cuidados de saúde [2, 3].

A extração de dados clínicos é de extrema importância no sector dos cuidados de saúde [4]. É muito difícil gerir a enorme quantidade de dados clínicos que são actualizados quase diariamente. As ferramentas e técnicas de extração de dados são uma grande ajuda para manter e gerir corretamente esses dados volumosos [5, 6].

A classificação é um paradigma de extração de dados que divide cada elemento de um conjunto de dados em classes predefinidas [6, 7, 8]. Existe uma grande necessidade de identificar parâmetros úteis em relação a uma determinada doença. Identificar os parâmetros mais importantes em relação a uma determinada doença é muito importante no domínio da medicina. A abordagem de classificação provou ser um recurso valioso no domínio da medicina e tem muitas aplicações [9, 10].

Vários algoritmos de classificação, como as árvores de decisão [11, 12], as redes neuronais [13], as redes bayesianas [14], a classificação baseada em regras [15], etc., têm sido aplicados por vários investigadores aos dados de saúde, a fim de obter resultados exactos. Os algoritmos de classificação são utilizados eficazmente para o diagnóstico precoce e o prognóstico de doenças [16, 17, 18].

A Weka é uma ferramenta de extração de dados frequentemente utilizada para analisar grandes quantidades de dados [19, 20]. Neste trabalho, utilizámos o conjunto de ferramentas Weka para aplicar algoritmos de classificação a quatro conjuntos de dados de doenças.

O sector da saúde gere enormes conjuntos de dados sobre os doentes. Os hospitais contêm uma grande quantidade de dados sobre hospitais, doentes, medicamentos, etc., que são actualizados quase diariamente. Com o rápido desenvolvimento de um grande número de algoritmos de aprendizagem automática, está a tornar-se fácil gerir esta enorme e crescente quantidade de dados. Através da utilização de métodos de extração de dados, como a classificação, o agrupamento, a deteção de valores atípicos e as técnicas de associação, as bases de dados hospitalares podem agora ser geridas de forma mais eficiente.

Se um doente sofre de diabetes, deve primeiro consultar um médico. O médico dar-lhe-ia o tratamento e a receita necessários. Suponhamos que, passados dez anos, a saúde do doente se deteriora. Ele consultaria um médico novamente e é possível que houvesse uma mudança de médico. Uma vez que os dados hospitalares são actualizados periodicamente, seria fácil determinar o historial de doença do doente e as complicações associadas utilizando métodos de extração de dados [21, 22].

O maior problema do mundo é a saúde pública [23]. As doenças que ameaçam a saúde, como a diabetes mellitus [24, 25], as doenças cardíacas [26, 27], o cancro da mama [28, 29] e a doença renal crónica [30, 31], têm de ser diagnosticadas e tratadas eficazmente numa fase precoce.

1.2 Objetivo do estudo

O objetivo desta investigação é aplicar diferentes algoritmos de classificação a quatro conjuntos de dados de doenças utilizando a ferramenta de extração de dados Weka. Este trabalho ajudará os investigadores a determinar a técnica de classificação mais adequada para um determinado conjunto de dados. A utilização de um método de classificação adequado para conjuntos de dados de doenças ajudará os investigadores a efetuar análises de extração de dados de forma mais eficiente. "

1.3 Âmbito do estudo

Este estudo centra-se em conjuntos de dados relativos a diferentes doenças, dos quais existem quatro. Os conjuntos de dados provêm de diferentes fontes, como o UCI Machine Learning Repository, e foram recolhidos pelo próprio Jyoti Diagnostic & Research Center (Gurugram). As abordagens de classificação utilizadas são J48, Naive Bayes, Bayes Net, SMO e ZeroR. A ferramenta de aprendizagem automática Weka é utilizada para aplicar as técnicas acima referidas a cada conjunto de dados e para avaliar os resultados. Utilizando a técnica de classificação mais adequada, os investigadores poderão, no futuro, obter resultados adequados à análise de dados para diferentes fins.

1.4 Organização da tese

O documento de investigação está dividido em cinco capítulos diferentes. O primeiro capítulo apresenta uma breve panorâmica da investigação. O primeiro capítulo apresenta também uma panorâmica dos objectivos e do âmbito da investigação. O segundo capítulo contém uma revisão da literatura sobre os trabalhos existentes e um resumo da investigação relevante. O terceiro capítulo apresenta o trabalho de investigação planeado e examina a metodologia de investigação utilizada para atingir os objectivos declarados. O quarto capítulo contém os resultados dos ensaios e a sua avaliação. Finalmente, o último capítulo contém as conclusões deste trabalho de investigação.

REVISÃO DA LITERATURA

Em [10], os autores apresentaram uma panorâmica dos classificadores, nomeadamente árvores de decisão, redes neuronais, redes Bayesianas e classificação baseada em regras. Destacaram a utilização destes classificadores na informática médica. Os resultados mostraram que o classificador Bayesiano ingénuo teve um desempenho superior aos outros.

Divya Jain et. al. centraram-se na previsão precoce de doenças e na utilização de técnicas de classificação para o diagnóstico e prognóstico de doenças [16]. Os autores apresentaram uma panorâmica abrangente e um estudo comparativo das técnicas de classificação utilizadas na análise preditiva para a previsão de doenças.

Foram aplicadas técnicas de classificação ao conjunto de dados sobre doenças cardíacas descarregado em linha a partir do repositório da UCI [33]. As técnicas utilizadas foram os algoritmos KNN, árvores de decisão e Bayesiano ingénuo. Os resultados mostraram que, embora o algoritmo KNN tivesse a melhor exatidão de classificação, as árvores de decisão forneciam uma melhor previsão do que o KNN e o Naive Bayes para o conjunto de dados de doenças cardíacas.

Ritika Chadha et. al. analisaram e apresentaram uma panorâmica de diferentes técnicas de classificação de extração de dados aplicadas a conjuntos de dados de doenças cardíacas nos últimos anos [34]. Os autores também destacaram as vantagens e desvantagens dos classificadores. Os resultados mostram que as redes neurais superam as árvores de decisão e os classificadores Naive Bayes.

Em [35], foi utilizado um classificador fuzzy K-NN para prever doenças cardíacas. O sistema proposto eliminou a incerteza dos dados e aumentou a precisão do sistema. Os resultados mostraram que o classificador proposto superou o classificador KNN.

Em [36], os autores desenvolveram um sistema de previsão de doenças cardíacas de fácil utilização, denominado HPDS. Com base nas caraterísticas clínicas dos pacientes, o HPDS pode prever o estado dos pacientes cardíacos. Os autores também desenvolveram um algoritmo ANN para classificação. O sistema provou ser 80% exato na classificação de doentes cardíacos.

Em [37], foram aplicadas técnicas de classificação e previsão ao conjunto de dados da diabetes utilizando o Tanagra. Os autores centraram-se na utilização do algoritmo C4.5 para determinar o impacto da diabetes nos rins. O desempenho do classificador foi muito bom em termos de precisão de previsão para o conjunto de dados.

Em [38], os autores aplicaram Máquinas de Vectores de Suporte e redes neurais artificiais a diferentes doenças renais. Os resultados mostraram que a classificação SVM foi efectuada com um tempo de execução mínimo, enquanto as RNA obtiveram melhores resultados em termos de precisão da classificação.

Em [39], o diagnóstico de doenças da tiroide foi efectuado utilizando redes neuronais artificiais. Os autores aplicaram três técnicas de RNA, nomeadamente redes de funções de base radial, algoritmos de retropropagação e redes de aprendizagem de quantificação de vectores em MATLAB, para selecionar o melhor dos três algoritmos. Os resultados mostraram que as redes RBFN necessitaram de menos tempo para aprender o conjunto de dados da tiroide, enquanto a rede LVQ teve a melhor precisão de classificação.

Em [40], foi apresentada uma panorâmica dos métodos preditivos para o diagnóstico da doença renal crónica. O papel dos grandes volumes de dados nos cuidados de saúde também foi apresentado, bem como a análise preditiva com o Hadoop e a sua estrutura de redução de mapas para o diagnóstico precoce da doença renal crónica.

A previsão da doença renal foi efectuada em [41] utilizando Naive Bayes e Support Vetor Machine. Os autores verificaram que o SVM superou o algoritmo de classificação Naive Bayes em termos de precisão e tempo de execução.

Purushottam et al [42] previram a doença diabética utilizando uma árvore parcial e um algoritmo C4.5. Os autores desenvolveram um sistema para prever o nível de risco dos doentes no Pima India Diabetes Dataset, que alcançou uma exatidão de classificação de 81,27% com o algoritmo C4.5. Os autores concluíram que o desempenho do algoritmo C4.5 era superior ao do método da árvore parcial para o conjunto de dados da diabetes.

Um sistema eficaz de previsão de doenças cardíacas foi desenvolvido em [43].

O sistema concebido foi muito eficaz na previsão do nível de risco de doença cardiovascular (DCV) com base nos parâmetros de saúde indicados.

TRABALHO PROPOSTO

3.1 Técnicas de classificação

A classificação é um método com múltiplas aplicações no domínio da medicina. A utilização correta dos sistemas de classificação pode ajudar a prever doenças. Identificar os principais atributos/parâmetros correspondentes a uma doença é uma tarefa importante [32]. As máquinas de vectores de suporte, a técnica naive Bayes, o algoritmo J48, o algoritmo ZeroR e as redes Bayesianas são alguns dos classificadores mais úteis que podem ser utilizados para identificar os principais factores de risco de uma determinada doença. Neste trabalho, ZeroR, SMO, Naive Bayes, rede Bayesiana e J48 são os classificadores utilizados para classificar os conjuntos de dados com o objetivo de avaliar os resultados.

3.2 Etapas do trabalho proposto

- **Preparar os dados e carregar o conjunto de dados** - Em primeiro lugar, preparamos os dados, abrimos o explorador no Weka e carregamos os dados no formato pretendido. Enquanto o conjunto de dados da diabetes é preparado no formato .csv, o conjunto de dados da doença renal crónica, o conjunto de dados da hepatite e o conjunto de dados do Statlog (coração) são preparados no formato .arff.
- Repita os passos 3 a 6 para cada registo.
- **Seleção de atributos** - Uma vez carregado o conjunto de dados na Weka, são fornecidas determinadas informações sobre os dados, como o número de instâncias e atributos, bem como determinadas informações estatísticas

sobre os atributos, como a média, o desvio padrão e os valores mínimo e máximo do conjunto de dados. O passo seguinte consiste em selecionar o número de atributos para um determinado conjunto de dados.

- **Selecionar o classificador adequado** - Depois de selecionar os atributos, clicamos no separador "Classificador" para escolher o classificador adequado na Weka. Em seguida, utilizamos o separador "Select" (Selecionar) para definir os parâmetros do classificador a aplicar ao conjunto de dados.
- **Testar o modelo** - Em seguida, testamos o modelo em modo de "validação cruzada" com 10 convoluções e obtemos os resultados da classificação clicando no botão "Iniciar" no lado direito do painel de controlo.
- **Avaliação dos resultados dos diferentes classificadores para o conjunto de dados** - Em seguida, comparamos, analisamos e avaliamos os resultados dos diferentes classificadores, um após o outro, para o conjunto de dados em causa. A avaliação foi efectuada com base em parâmetros como o "número total de instâncias", o "número de tuplas classificadas corretamente", a "percentagem de tuplas classificadas corretamente", o "tempo necessário para criar o modelo", a "estatística Kappa" e o "erro absoluto médio", etc. Os diferentes classificadores são comparados com base na exatidão e na taxa de erro.

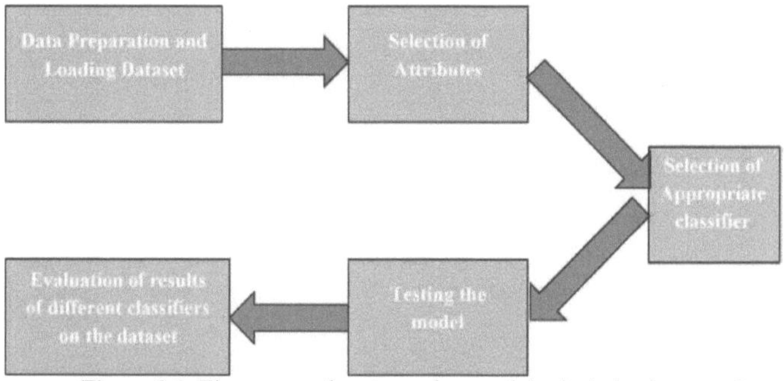

Figura 3.1: Fluxograma das etapas da metodologia de implementação

3.3 Representação gráfica das etapas no conjunto de dados de exemplo

- Preparar os dados e carregar o conjunto de dados

Figura 3.2: Carregamento do conjunto de dados

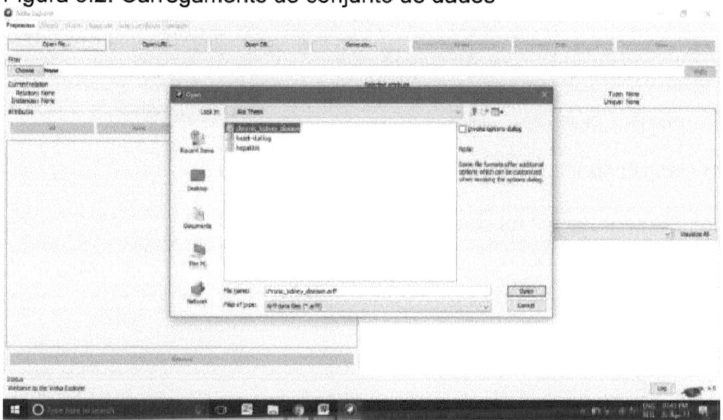

Figura 3.3: Preparação dos dados

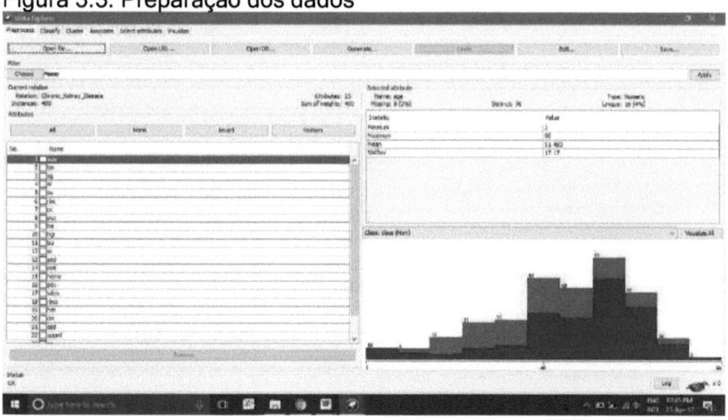

Seleção de atributos

-

Figura 3.4: Seleção de atributos

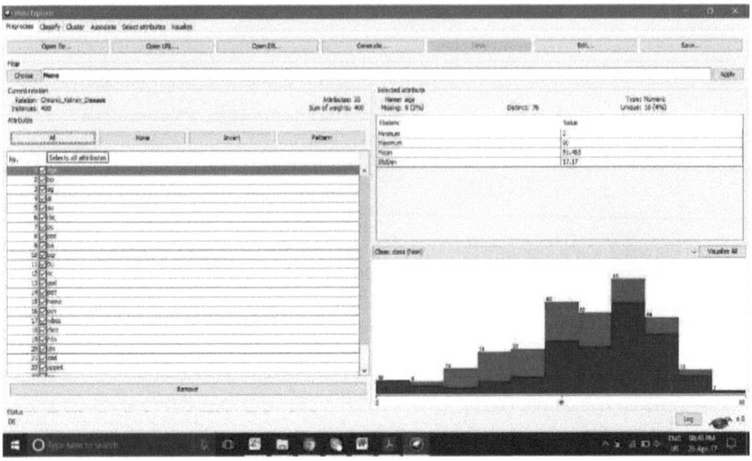

- Seleção de um classificador adequado

Figura 3.5: O classificador ZeroR foi selecionado

Testar o modelo e avaliar os resultados de diferentes classificadores no Conjunto de dados

Figura 3.6: Resultados finais

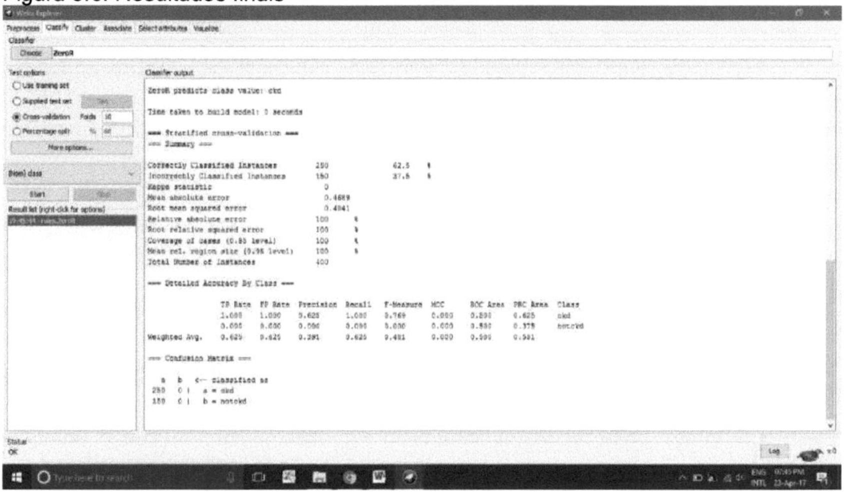

RESULTADOS EXPERIMENTAIS E ANÁLISE

Esta secção apresenta os resultados experimentais e a análise efectuada para este estudo. Para as experiências, foram aplicadas diferentes técnicas de classificação a quatro conjuntos de dados diferentes do sector da saúde, recolhidos pelo Jyoti Diagnostic & Research Center (Gurugram) e também pelo repositório da UCI [49]. Neste estudo, a Weka é utilizada como uma ferramenta de aprendizagem automática para a extração de dados. A percentagem de erro e a taxa de exatidão para diferentes técnicas de classificação são analisadas utilizando medidas paramétricas. Com base na avaliação dos parâmetros, um valor mais elevado da exatidão e um valor mais baixo da taxa de erro de um conjunto de dados para uma determinada técnica de classificação aplicada indica que o conjunto de dados classificado está muito correto. Inversamente, um valor inferior de exatidão e um valor superior de taxa de erro do conjunto de dados para uma determinada técnica de classificação indicam que o conjunto de dados classificado é menos correto. Todos os métodos de classificação são objeto de validação cruzada 10 vezes.

4.1 Seleção de dados

Foram selecionados os conjuntos de dados de saúde necessários para o estudo experimental. Os quatro conjuntos de dados diferentes para este estudo foram recolhidos no Jyoti Diagnostic & Research Center (Gurugram) e também no próprio repositório da UCI. O quadro 4.1

apresenta a descrição dos conjuntos de dados selecionados para este trabalho. A descrição pormenorizada de todos os conjuntos de dados selecionados é apresentada a seguir.

Nome do conjunto de dados	Conjunto de dados Fonte	Número de corpos	Número de atributos	Número de classes (valores)	Tipo de classe
Doença_renal_crónica Conjunto de dados	Repositório UCI para aprendizagem automática	400	25	2	Nominal
Conjunto de dados sobre hepatite	Repositório UCI para aprendizagem automática	155	20	2	Nominal
Conjunto de dados sobre a diabetes	Centro de Diagnóstico e Investigação Jyoti, Gurugram	100	12	2	Nominal
Conjunto de dados Statlog (núcleo)	Repositório UCI para aprendizagem automática	270	14	2	Nominal

Quadro 4.1: Conjuntos de dados Descrição

4.1.1 Conjunto de dados sobre hepatite

Este conjunto de dados sobre hepatite foi obtido em linha a partir do UCI Machine Leaning Repository [50]. O conjunto de dados é constituído por 155 registos, 13 atributos nominais, 6 atributos numéricos e um atributo de classe, que tem duas classes, nomeadamente DIE 32 (20,6%) e LIVE 123 (79,4%) e nenhum valor de atributo em falta para a classe. A natureza dos diferentes atributos é apresentada na Tabela 4.2 e a Figura 4.1 mostra o modelo de dados para este conjunto de dados.

Reg. n.º.	Nome do atributo	Tipo
1	Antiga	Digital
2	Género	Nominal
3	Esteróides	Nominal
4	Antivirais	Nominal
5	Fadiga	Nominal
6	Mal-estar	Nominal
7	Anorexia	Nominal
8	Fígado_grande	Nominal
9	Firma de Fígado	Nominal
10	Sensível à taxa	Nominal
11	Aranhas	Nominal
12	Ascite	Nominal
13	Varizes	Nominal
14	Bilirrubina	Digital
15	Alk_Fosfato	Digital
16	Sgot	Digital
17	Albumina	Digital
18	Protime	Digital
19	Histologia	Nominal
20	Classe	Nominal

Quadro 4.2: Descrição dos atributos do conjunto de dados sobre a hepatite

```
@relation hepatitis
@attribute AGE integer
@attribute SEX { male, female}
@attribute STEROID { no, yes}
@attribute ANTIVIRALS { no, yes}
@attribute FATIGUE { no, yes}
@attribute MALAISE { no, yes}
@attribute ANOREXIA { no, yes}
@attribute LIVER_BIG { no, yes}
@attribute LIVER_FIRM { no, yes}
@attribute SPLEEN_PALPABLE { no, yes}
@attribute SPIDERS { no, yes}
@attribute ASCITES { no, yes}
@attribute VARICES { no, yes}
@attribute BILIRUBIN real
@attribute ALK_PHOSPHATE integer
@attribute SGOT integer
@attribute ALBUMIN real
@attribute PROTIME integer
@attribute HISTOLOGY { no, yes}
@attribute Class { DIE, LIVE}
@data
30,male,no,no,no,no,no,no,no,no,no,no,no,1,85,18,4,?,no,LIVE50,female,no,no,yes,no,no,no,no,no,no,no,no,0.9,135,42,3.5,?,no,LIVE
78,female,yes,no,yes,no,no,yes,no,no,no,no,no,0.7,96,32,4,?,no,LIVE
31,female,?,yes,no,no,no,yes,no,no,no,no,no,0.7,46,52,4,80,no,LIVE34,female,yes,no,no,no,no,yes,no,no,no,no,no,1,?,200,4,?,no,LIVE
34,female,yes,no,no,no,no,yes,no,no,no,no,no,0.9,95,28,4,75,no,LIVE51,female,no,no,yes,no,yes,yes,no,yes,yes,no,no,?,?,?,?,?,no,DIE
23,female,yes,no,no,no,no,yes,no,no,no,no,no,1,?,?,?,?,no,LIVE39,female,yes,no,yes,no,no,yes,yes,no,no,no,no,0.7,?,48,4.4,?,no,LIVE
30,female,yes,no,no,no,no,yes,no,no,no,no,no,1,?,120,3.9,?,no,LIVE
39,female,no,yes,no,no,no,no,yes,no,no,no,no,1.3,78,30,4.4,85,no,LIVE
32,female,yes,yes,yes,no,no,yes,yes,no,yes,no,no,1,59,249,3.7,54,no,LIVE
```

Figura 4.1: Exemplo de visualização de dados sobre a hepatite

4.1.2 Doença_renal_crónica Conjunto de dados

Este conjunto de dados sobre a doença renal crónica foi extraído em linha do UCI Machine Leaning Repository [51]. O conjunto de dados é constituído por 400 registos, 13 atributos nominais, 11 atributos numéricos e um atributo de classe com duas classes, nomeadamente ckd 250 (62,5%) e notckd 150 (37,5%) e 0 valores de atributo em falta para a classe. As descrições dos atributos individuais são apresentadas na Tabela 4.3 e a Figura 4.2 ilustra o modelo de dados para este conjunto de dados.

Reg. n.º.	Nome do atributo	Tipo
1	Antiga	Digital
2	Bp	Digital
3	Sg	Nominal
4	Al	Nominal
5	Su	Nominal

6	Rbc	Nominal
7	Pc	Nominal
8	Pcc	Nominal
9	Ba	Nominal
10	Bgr	Digital
11	Bu	Digital
12	Esc	Digital
13	Soden	Digital
14	Panela	Digital
15	Hemo	Digital
16	Pcv	Digital
17	wbcc	Digital
18	rbcc	Digital
19	Htn	Nominal
20	Dm	Nominal
21	Cad	Nominal
22	Apetite	Nominal
23	Pe	Nominal
24	Burro	Nominal
25	Classe	Nominal

Quadro 4.3: Descrição dos atributos do conjunto de dados Chronic_Kidney_Disease

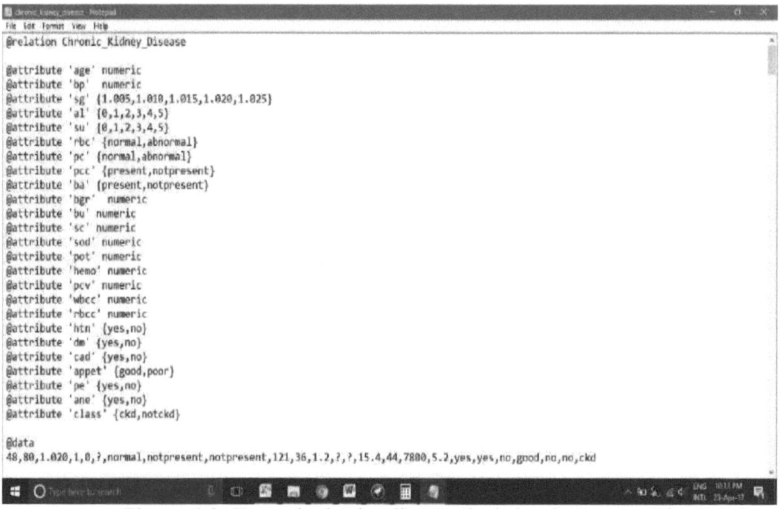

```
@relation Chronic_Kidney_Disease

@attribute 'age' numeric
@attribute 'bp' numeric
@attribute 'sg' {1.005,1.010,1.015,1.020,1.025}
@attribute 'al' {0,1,2,3,4,5}
@attribute 'su' {0,1,2,3,4,5}
@attribute 'rbc' {normal,abnormal}
@attribute 'pc' {normal,abnormal}
@attribute 'pcc' {present,notpresent}
@attribute 'ba' {present,notpresent}
@attribute 'bgr' numeric
@attribute 'bu' numeric
@attribute 'sc' numeric
@attribute 'sod' numeric
@attribute 'pot' numeric
@attribute 'hemo' numeric
@attribute 'pcv' numeric
@attribute 'wbcc' numeric
@attribute 'rbcc' numeric
@attribute 'htn' {yes,no}
@attribute 'dm' {yes,no}
@attribute 'cad' {yes,no}
@attribute 'appet' {good,poor}
@attribute 'pe' {yes,no}
@attribute 'ane' {yes,no}
@attribute 'class' {ckd,notckd}

@data
48,80,1.020,1,0,?,normal,notpresent,notpresent,121,36,1.2,?,?,15.4,44,7800,5.2,yes,yes,no,good,no,no,ckd
```

Figura 4.2: Exemplo de visualização de dados de Doença_Rim Crónica

4.1.3 Conjunto de dados sobre a diabetes

Este conjunto de dados sobre a diabetes foi compilado pela própria Jyoti Diagnostic & Research.

centro (Gurugram). O conjunto de dados é composto por 100 registos e 4 atributos nominais,

atributos numéricos mais um atributo atribuído com duas classes, nomeadamente A 53 (53%) e N 47 (47%), e zero valores de atributos em falta na classe atribuída. A descrição dos diferentes atributos é apresentada na Tabela 4.4 e a Figura 4.3 ilustra os dados de exemplo deste conjunto de dados.

Reg. n.º.	Nome do atributo	Tipo
1	Antiga	Digital
2	Género	Nominal
3	Cidade/país	Nominal
4	Ureia no sangue	Digital
5	Creatinina sérica	Digital
6	Ácido úrico	Digital
7	Proteína total	Digital
8	Albumina	Digital

9	Glicose no sangue	Digital
10	Tipo de D	Nominal
11	Tipo	Digital
12	Pessoas afectadas	Nominal

Tabela 4.4: Descrição dos atributos do conjunto de dados da diabetes

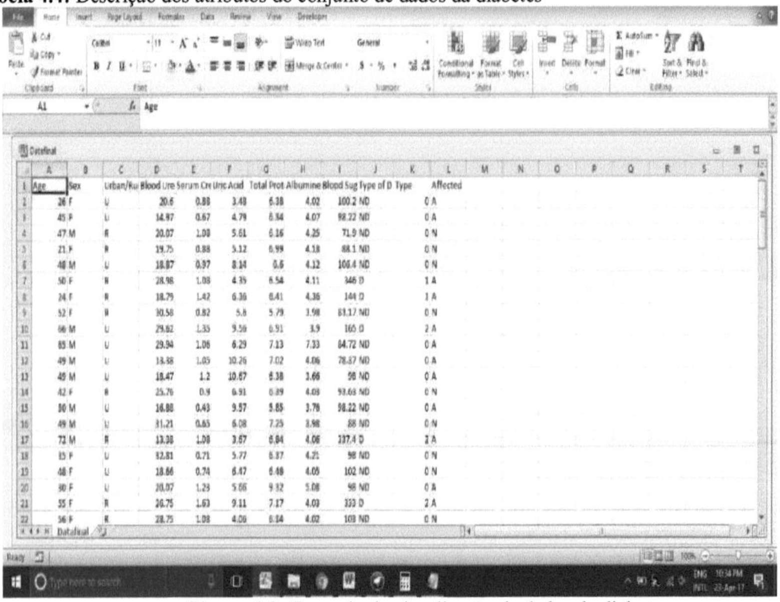

Figura 4.3: Exemplo de visualização de dados da diabetes

4.1.4 Conjunto de dados CardioStatLog

Este conjunto de dados Heart-StatLog foi extraído em linha do repositório UCI Machine Leaning [52]. O conjunto de dados é constituído por 270 registos, 13 atributos e um atributo de classe com as duas classes ausente 150 (55,5%) e presente 120 (44,5%) e zero valores de atributos em falta. A descrição dos diferentes atributos é apresentada na Tabela 4.5 e a Figura 4.4 ilustra o modelo de dados para este conjunto de dados.

Reg. n.º.	Nome do atributo	Tipo
1	Antiga	Digital
2	Género	Digital
3	Peito	Digital
4	pressão arterial_repouso	Digital
5	serum_colestoral	Digital
6	glicemia de jejum	Digital
7	resultados_electrocardiográficos_em_ repouso	Digital
8	taxa_de_coração_máxima_alcançada	Digital
9	angina induzida por movimento	Digital
10	Oldpeak	Digital
11	Inclinação	Digital
12	número_de_big_boats	Digital
13	Thal	Digital
14	Classe	Nominal

Tabela 4.5: Descrição dos atributos do conjunto de dados Heart-StatLog

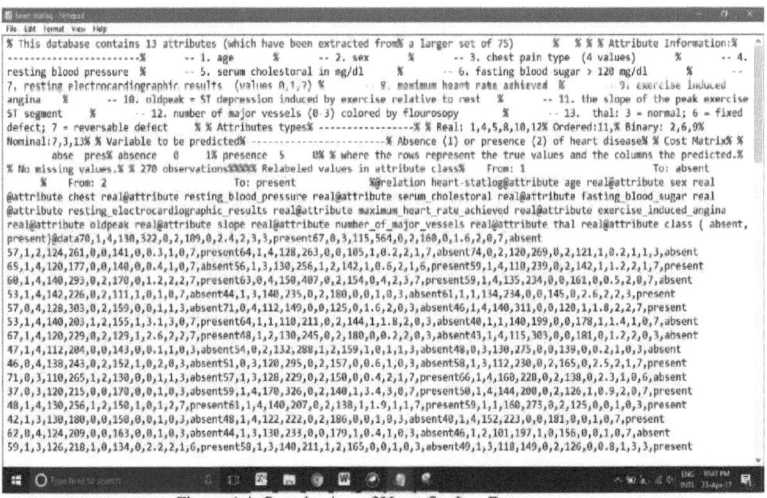

```
% This database contains 13 attributes (which have been extracted from% a larger set of 75)      %   % % % Attribute Information:%
-----------------------%        -- 1. age       %       -- 2. sex       %       -- 3. chest pain type  (4 values)        %       -- 4.
resting blood pressure  %       -- 5. serum cholestoral in mg/dl      %       -- 6. fasting blood sugar > 120 mg/dl       %      --
7. resting electrocardiographic results  (values 0,1,2) %       -- 8. maximum heart rate achieved  %       -- 9. exercise induced
angina   %      -- 10. oldpeak = ST depression induced by exercise relative to rest   %       -- 11. the slope of the peak exercise
ST segment    %       -- 12. number of major vessels (0-3) colored by flourosopy       %       -- 13.  thal: 3 = normal; 6 = fixed
defect; 7 = reversable defect     % % Attributes types% -----------------% % Real: 1,4,5,8,10,12% Ordered:11,% Binary: 2,6,9%
Nominal:7,3,13% % Variable to be predicted% -----------------------% Absence (1) or presence (2) of heart disease% % Cost Matrix% %
       abse  pres% absence   0     1% presence   5     0% % where the rows represent the true values and the columns the predicted.%
% No missing values.% % 270 observations%%%%% Relabeled values in attribute class%    From: 1                        To: absent
     %    From: 2                       To: present            %@relation heart-statlog@attribute age real@attribute sex real
@attribute chest real@attribute resting_blood_pressure real@attribute serum_cholestoral real@attribute fasting_blood_sugar real
@attribute resting_electrocardiographic_results real@attribute maximum_heart_rate_achieved real@attribute exercise_induced_angina
real@attribute oldpeak real@attribute slope real@attribute number_of_major_vessels real@attribute thal real@attribute class { absent,
present}@data70,1,4,130,322,0,2,109,0,2.4,2,3,3,present67,0,3,115,564,0,2,160,0,1.6,2,0,7,absent
57,1,2,124,261,0,0,141,0,0.3,1,0,7,present64,1,4,128,263,0,0,105,1,0.2,2,1,7,absent74,0,2,120,269,0,2,121,1,0.2,1,1,3,absent
65,1,4,120,177,0,0,140,0,0.4,1,0,7,absent56,1,3,130,256,1,2,142,1,0.6,2,1,6,present59,1,4,110,239,0,2,142,1,1.2,2,1,7,present
60,1,4,140,293,0,2,170,0,1.2,2,2,7,present63,0,4,150,407,0,2,154,0,4,2,3,7,present59,1,4,135,234,0,0,161,0,0.5,2,0,7,absent
53,1,4,142,226,0,2,111,1,0,1,0,7,absent44,1,3,140,235,0,2,180,0,0,1,0,3,absent61,1,1,134,234,0,0,145,0,2.6,2,2,3,present
57,0,4,128,303,0,2,159,0,0,1,1,3,absent71,0,4,112,149,0,0,125,0,1.6,2,0,3,absent46,1,4,140,311,0,0,120,1,1.8,2,2,7,present
53,1,4,140,203,1,2,155,1,3.1,3,0,7,present64,1,1,110,211,0,2,144,1,1.8,2,0,3,absent40,1,1,140,199,0,0,178,1,1.4,1,0,7,absent
67,1,4,120,229,0,2,129,1,2.6,2,2,7,present48,1,2,130,245,0,2,180,0,0.2,2,0,3,absent43,1,4,115,303,0,0,181,0,1.2,2,0,3,absent
47,1,4,112,204,0,0,143,0,0.1,1,0,3,absent54,0,2,132,288,1,2,159,1,0,1,1,3,absent48,0,3,130,275,0,0,139,0,0.2,1,0,3,absent
46,0,4,138,243,0,2,152,1,0,2,0,3,absent51,0,3,120,295,0,2,157,0,0.6,1,0,3,absent58,1,3,112,230,0,2,165,0,2.5,2,1,7,present
71,0,3,110,265,1,2,130,0,0,1,1,3,absent57,1,3,128,229,0,2,150,0,0.4,2,1,7,present66,1,4,160,228,0,2,138,0,2.3,1,0,6,absent
37,0,3,120,215,0,0,170,0,0,1,0,3,absent59,1,4,170,326,0,2,140,1,3.4,3,0,7,present50,1,4,144,200,0,2,126,1,0.9,2,0,7,present
48,1,4,130,256,1,2,150,1,0,1,2,7,present61,1,4,140,207,0,2,138,1,1.9,1,1,7,present59,1,1,160,273,0,2,125,0,0,1,0,3,present
42,1,3,130,180,0,0,150,0,0,1,0,3,absent48,1,4,122,222,0,2,186,0,0,1,0,3,absent40,1,4,152,223,0,0,181,0,0,1,0,7,present
62,0,4,124,209,0,0,163,0,0,1,0,3,absent44,1,3,130,233,0,0,179,1,0.4,1,0,3,absent46,1,2,101,197,1,0,156,0,0,1,0,7,absent
59,1,3,126,218,1,0,134,0,2.2,2,1,6,present58,1,3,140,211,1,2,165,0,0,1,0,3,absent49,1,3,118,149,0,2,126,0,0.8,1,3,3,present
```

Figure 4.4: Sample view of Heart-StatLog Data

4.2 Conversão de dados

Durante esta fase, os dados são transformados ou consolidados numa forma adequada à extração mineira por agregação ou agrupamento, normalização, generalização, suavização, discretização e construção de caraterísticas. Os conjuntos de dados utilizados são convertidos no formato de ficheiro necessário. A Figura 4.5 mostra o conjunto de dados do Heart-StatLog em formato de ficheiro arff, enquanto a Figura 4.6 mostra o conjunto de dados da diabetes em formato de ficheiro csv.

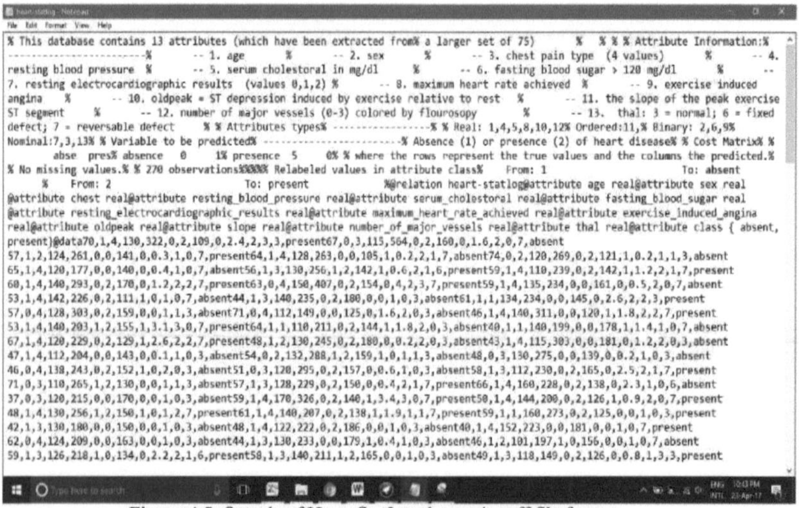

Figure 4.5: Sample of Heart-StatLog dataset in arff file format

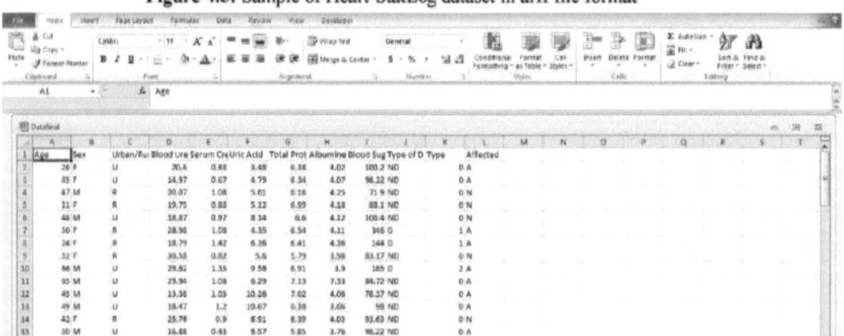

Figura 4.6: Exemplo de um registo de dados da diabetes em formato de ficheiro csv

4.3 Análise dos dados

A extração de dados é composta por diferentes métodos. Diferentes métodos servem diferentes objectivos, cada um com as suas próprias vantagens e desvantagens. No entanto, a maioria dos métodos de extração de dados utilizados neste estudo pertence à categoria de classificação.

Técnicas de classificação

Na extração de dados, a classificação é uma das tarefas mais importantes. Para tal, os dados são mapeados para objectivos predefinidos. Trata-se de uma aprendizagem supervisionada, porque os objectivos são predefinidos. O objetivo da classificação é criar um classificador baseado em alguns casos com alguns atributos para descrever os objectos ou um atributo para descrever o grupo de objectos. O classificador é depois utilizado para prever os atributos do grupo de novos casos na área com base nos valores de outros atributos. Os diferentes métodos utilizados para as tarefas de classificação na extração de dados são os seguintes

I. Naive Bayes (NB)

Os classificadores Bayesianos ingénuos são os classificadores estatísticos mais fundamentais para o problema da classificação de formas [44]. São baseados no teorema de Bayes. Os classificadores Bayesianos simples são também classificadores Bayesianos ingénuos. Os classificadores NB baseiam-se na independência condicional das classes. Prevêem as probabilidades de pertença a uma classe, por exemplo, a probabilidade de uma dada tupla pertencer a uma dada classe.

II. J48

O J48 é um tipo de algoritmo de árvore de decisão baseado no conceito de entropia, que incorpora conceitos como o ganho de informação, o rácio de ganho, etc. [45]. É um algoritmo de aprendizagem automática desenvolvido em Java e conhecido como algoritmo C4.5.

III. Otimização sequencial mínima (SMO)

A Otimização Mínima Sequencial (SMO) é um algoritmo para melhorar a solução de problemas de programação quadrática encontrados no algoritmo da Máquina de Vectores de Suporte (SVM). O SMO é útil para treinar Máquinas de Vectores de Suporte [46].

IV. Rede Bayesiana

Uma rede Bayesiana é um algoritmo de aprendizagem automática que se centra na aprendizagem a partir de probabilidades. As probabilidades são calculadas utilizando um gráfico acíclico, que é orientado por natureza. A probabilidade posterior é definida para os nós. Na ausência de dados, esta abordagem é útil [47].

V. ZeroR

ZeroR, um método de classificação que é o mais simples e mais compreensível, porque depende do objetivo, enquanto os preditores são ignorados. A maioria das classes é prevista pelo método acima, mas não tem poder de previsão [48].

Ferramentas de aprendizagem automática

Muitas ferramentas de aprendizagem automática, como Weka, Tanagra e Matlab, podem ser utilizadas para o trabalho de investigação. No entanto, para este trabalho de investigação, a Weka é utilizada para analisar o desempenho de diferentes técnicas de classificação de extração de dados para conjuntos de dados do sector da saúde. Segue-se uma breve descrição da ferramenta:

O Weka (Waikato Environment for Knowledge Analysis) é talvez o ambiente de código aberto mais conhecido para a aprendizagem automática e a extração de dados. Os utilizadores avançados podem aceder aos vários componentes através de uma interface de linha de comandos ou utilizá-los integrando-os na programação Java. Para os utilizadores finais, está também disponível uma interface gráfica de utilizador para a Weka sob a forma de uma aplicação denominada Weka Knowledge Flow Environment, que oferece programação visual. Também está disponível uma aplicação baseada em GUI, denominada Weka Explorer, que oferece uma interface que não requer formação avançada para ser utilizada, ou seja, é fácil de utilizar. A Figura 4.7 mostra o seletor de GUI da Weka. Se escolhermos Explorer, a Figura 4.8 mostra o Explorer aberto.

Figura 4.7: Seleção da GUI da Weka

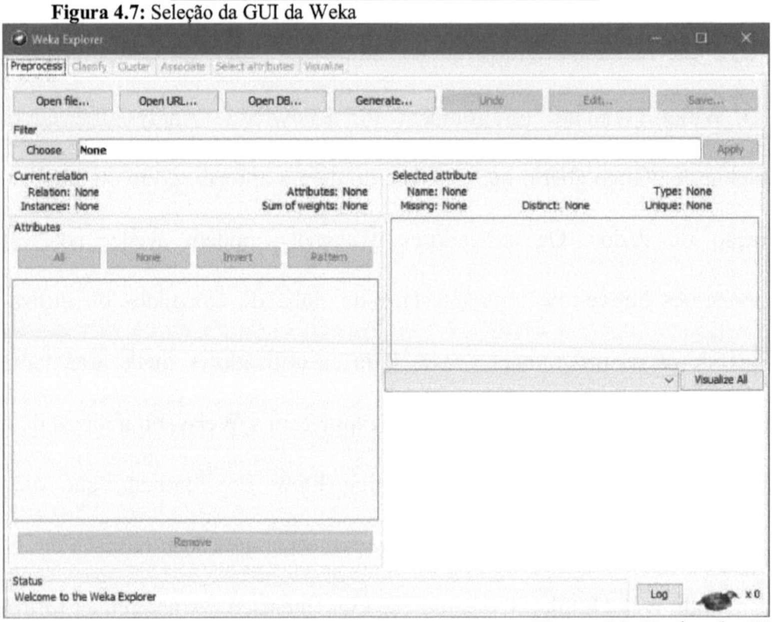

Figura 4.8: Explorador Weka

4.4 Resultados e análise

O conjunto de dados sobre a hepatite, o conjunto de dados sobre a doença renal crónica e o conjunto de dados sobre a doença cardíaca Statlog estão disponíveis em formato .arff.

Nesta etapa, os dados são primeiro divididos em dados de treino e dados de teste. O conjunto de dados de treino é utilizado para criar o classificador e o conjunto de dados de teste para o validar. Os métodos de classificação envolvidos são aplicados utilizando a validação cruzada de 10 vias para criar os classificadores. Por fim, os resultados são registados sob a forma de percentagem de precisão e de taxa de erro. Os resultados são apresentados de seguida:

4.4.1 Resultados das técnicas de classificação da doença renal crónica Conjunto de dados

A tabela 4.6 mostra os resultados das técnicas de classificação aplicadas ao conjunto de dados "doença renal crónica" no WEKA. A Figura 4.9 apresenta um diagrama de linhas para visualizar os resultados obtidos. Este diagrama ajuda a comparar as diferentes taxas de precisão e de erro. Para determinar o melhor procedimento, é tido em conta aquele que apresenta o maior pico na taxa de exatidão em comparação com os outros. Neste caso, J48, com uma taxa de exatidão de 99%, é o melhor procedimento. A figura 4.10 mostra a janela de resultados do WEKA para a técnica de classificação J48.

Classificador	**Número total de instâncias**	**Número de tuplas classificadas corretamente**	**Percentagem de tuplas mal classificadas**	**Tempo necessário para criar o modelo**	**Estatísticas Kappa**	**Erro absoluto médio**
J48	400	99 % (396)	1% (4)	0,05 seg	0.9786	0.0225

Rede Bayesiana	400	98.75% (395)	1.25% (5)	0,05 seg	0.9735	0.013
Naive Bayes	400	95% (380)	5% (20)	0,02 seg	0.8961	0.0479
SMO	400	97.75% (391)	2.25% (9)	0,05 seg	0.9526	0.0225
ZeroR	400	62.5% (250)	37.5% (150)	0 segundos	0	0.4689

Tabela 4.6: Resultados do WEKA para o conjunto de dados "chronic_renal_disease

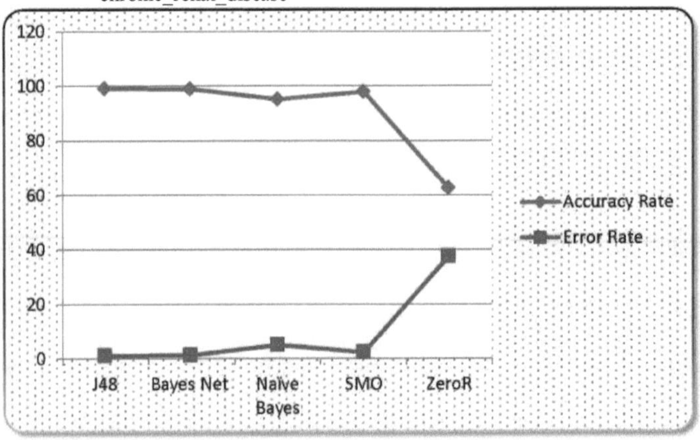

Figura 4.9: Comparação das taxas de exatidão e de erro no WEKA para o conjunto de dados da doença renal crónica

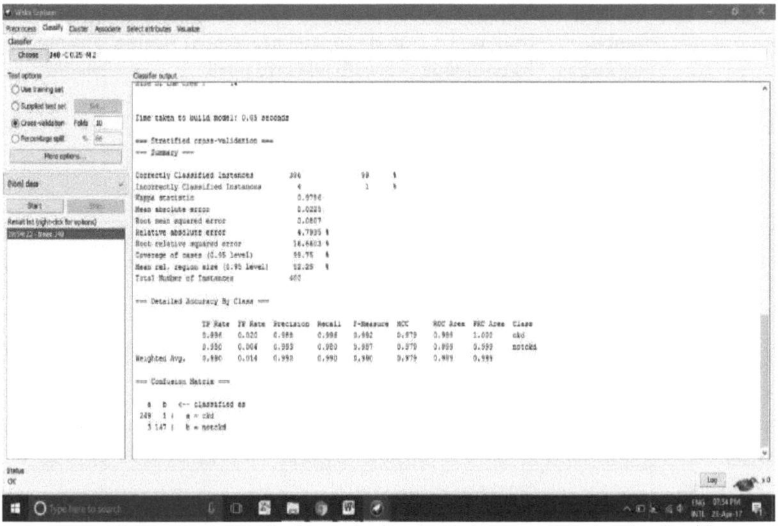

Figura 4.10: Janela de resultados da Weka para a técnica de classificação J48

4.4.2 Resultados das técnicas de classificação para o conjunto de dados da hepatite

O quadro 4.7 apresenta os resultados dos métodos de classificação baseados na hepatite

conjunto de dados no WEKA. O diagrama de linhas da Figura 4.11 mostra a representação pictórica do

os resultados obtidos. A visualização deste diagrama ajudou a comparar as diferentes taxas de precisão e de erro. Para obter o melhor desempenho, é tida em conta a técnica com o maior pico de precisão em comparação com as outras. Neste caso, a J48 é a melhor, com 93,87% de exatidão. A Figura 4.12 mostra a janela de resultados do WEKA para o J48.

Técnica de classificação.

Classificador	Número total de instâncias	Número de tuplas classificadas corretamente	Percentagem de tuplas classificadas corretamente	Tempo necessário para criar o modelo	Estatísticas Kappa	Erro absoluto médio
ZeroR	155	79.35 % (123)	20.65% (32)	0 seg	0	0.3302
Naive Bayes	155	84.51 % (131)	15.49% (24)	0,02 seg	0.5483	0.1661
Rede Bayesiana	155	83.22 % (129)	16.77% (26)	0,01 seg	0.5213	0.1758
J48	155	93.87 % (130)	16.13% (25)	0,01 seg	0.436	0.2029
SMO	155	85.16 % (132)	14.84% (23)	0,04 seg	0.5309	0.1484

Tabela 4.7: Resultados obtidos no WEKA para H Conjunto de dados sobre Epatite

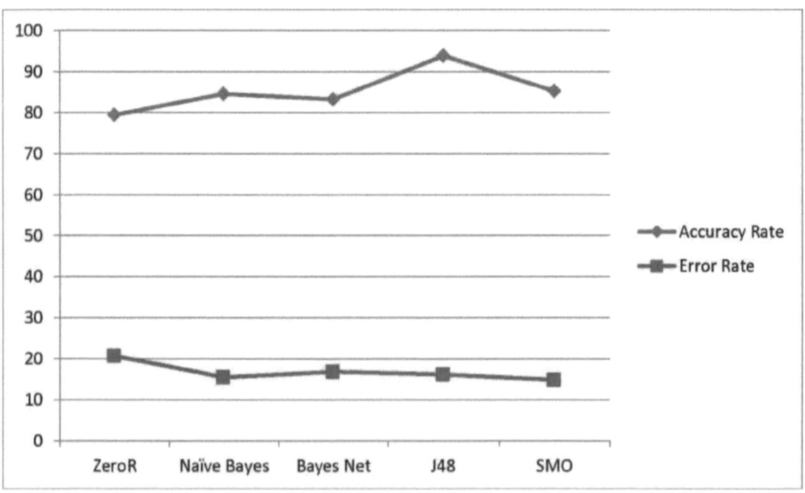

Figura 4.11: Comparação das taxas de exatidão e de erro no Weka para o conjunto de dados sobre a hepatite

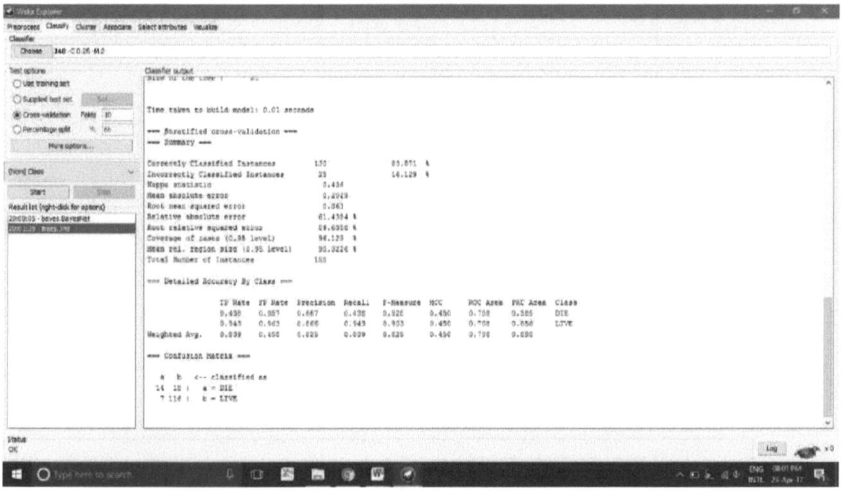

Figura 4.12: Janela de resultados da Weka para a técnica de classificação J48

4.4.3 Resultados das técnicas de classificação para o conjunto de dados da diabetes

O quadro 4.8 apresenta os resultados dos métodos de classificação baseados na hepatite

conjunto de dados no WEKA. O diagrama de linhas da Figura 4.13 mostra a representação pictórica do

os resultados obtidos. A visualização deste diagrama ajudou a comparar as diferentes taxas de precisão e de erro. Para encontrar o melhor método, escolhemos o que tem o pico de precisão mais elevado em comparação com os outros métodos. Aqui, o ZeroR é o pior

A taxa de precisão é de 53%. A figura 4.14 mostra a janela de resultados do WEKA para

Técnica de classificação ZeroR.

Classificador	Número total de instâncias	Número de tuplas classificadas corretamente	Percentagem de tuplas classificadas corretamente	Tempo necessário para criar o modelo	Estatísticas Kappa	Erro absoluto médio
J48	100	75 % (75)	25% (25)	0,02 seg	0.4976	0.2886
Rede Bayesiana	100	75 % (75)	25% (25)	0 seg	0.4964	0.2937

Naive Bayes	100	75 % (75)	25% (25)	0 seg	0.5059	0.2653
SMO	100	62 % (62)	38% (38)	0,0 seg	0.2517	0.38
ZeroR	100	53% (53)	47 % (47)	0 seg	0	0.4987

Tabela 4.8: Resultados do WEKA para o conjunto de dados da diabetes

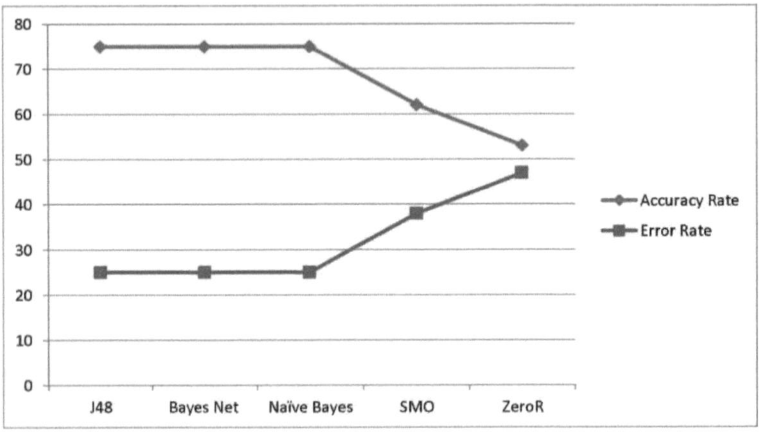

Figura 4.13: Comparação das taxas de exatidão e de erro no Weka para o conjunto de dados sobre a diabetes

Figura 4.14: Janela de resultados do WEKA para a técnica de classificação ZeroR

4.4.4 Resultados das técnicas de classificação aplicadas ao conjunto de dados de doenças CardioStatLog

A Tabela 4.9 mostra os resultados das técnicas de classificação aplicadas ao conjunto de dados Heart-StatLog no WEKA. A Figura 4.15 mostra um diagrama de linhas para ilustrar os resultados. Este diagrama ajuda a comparar as diferentes taxas de precisão e de erro. Para obter o melhor desempenho, é tida em conta a técnica com o pico mais elevado na taxa de precisão em relação às outras. Neste caso, o SMO obtém o melhor resultado com 84,07% de exatidão. A Figura 4.16 mostra a janela de resultados do WEKA para a técnica de classificação J48.

Classificador	Número total de instâncias	Número de tuplas classificadas corretamente	Percentagem de tuplas classificadas corretamente	Tempo necessário para criar o modelo	Estatísticas Kappa c	Erro absoluto médio
J48	270	76.66% (207)	23.34% (63)	0,02 seg	0.5271	0.274
Rede Bayesiana	270	81.11% (219)	18.89% (51)	0,01 seg	0.6172	0.1982
Naive Bayes	270	83.70% (226)	16.30% (44)	0,02 seg	0.6683	0.1835
SMO	270	84.07% (227)	15.93% (43)	0,05 seg	0.6762	0.1593
ZeroR	270	55.55% (150)	44.45% (120)	0 seg	0	0.4939

Tabela 4.9: Resultados no WEKA para o conjunto de dados da doença Heart-StatLog

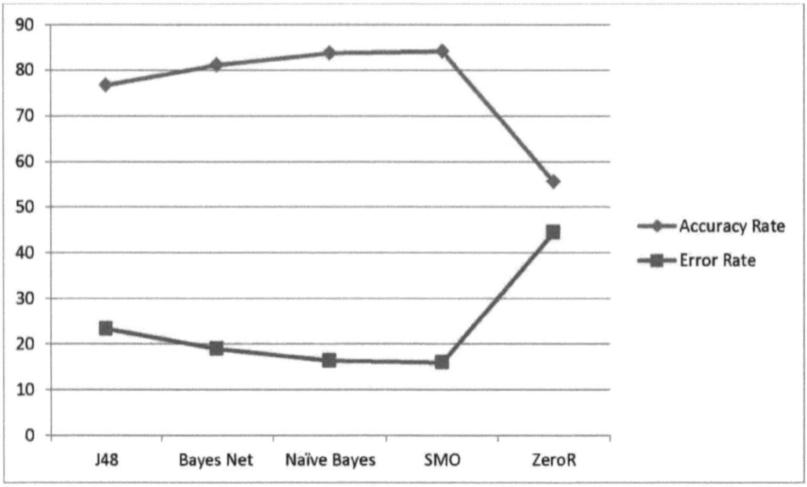

Figura 4.15: Comparação das taxas de exatidão e de erro na Weka para o conjunto de dados Heart-StatLog

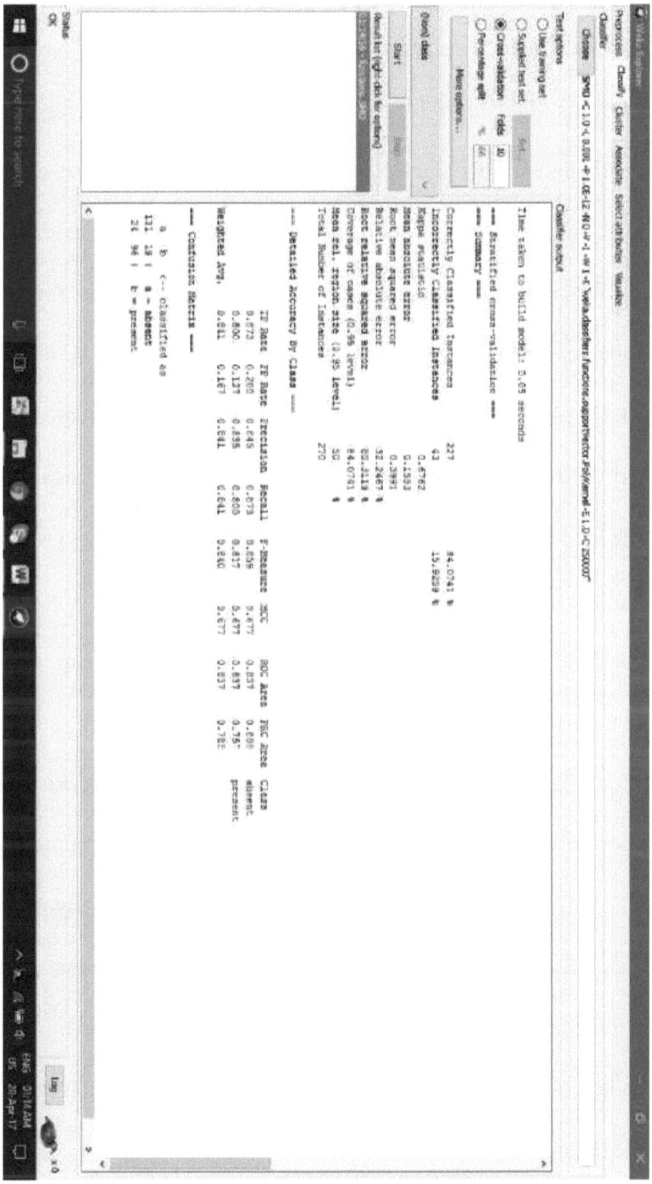

Figura 4.16: Janela de resultados do WEKA para a técnica de classificação SMO

CONCLUSÃO

Nesta investigação, aplicámos diferentes técnicas de classificação, nomeadamente os algoritmos J48, ZeroR, SMO, Bayes Net e Naive Bayes, ao conjunto de dados sobre diabetes, ao conjunto de dados sobre doença renal crónica, ao conjunto de dados sobre hepatite e ao conjunto de dados Statlog (coração) no Weka. Os conjuntos de dados provêm de diferentes fontes, como o UCI Machine learning Repository e o Jyoti Diagnostic & Research Center (Gurugram). Os objectivos deste estudo são 1) identificar diferentes técnicas de classificação de extração de dados participantes, analisando o desempenho de conjuntos de dados de doenças e 2) determinar a(s) melhor(es) técnica(s) de classificação com base na taxa de erro mais baixa e na taxa de precisão mais elevada em comparação com outras técnicas aplicadas a um determinado conjunto de dados. Os objectivos do estudo foram alcançados.

Após a análise dos resultados, verificámos que o algoritmo ZeroR é executado com o menor tempo de execução para todos os conjuntos de dados. Além disso, o estudo comparativo dos resultados mostra que o algoritmo ZeroR é executado com o valor mais elevado do erro absoluto médio, enquanto os resultados mostram o valor mais baixo da estatística Kappa. Além disso, verificou-se que o algoritmo J48 apresenta o melhor desempenho entre todos os conjuntos de dados considerados.

PUBLICAÇÕES

1. Akshay Jain, Dr. Dinesh Kumar e Divya Jain, -Clustering Techniques on Conjunto de dados de cuidados de saúde usando Weka e Tanagra", Proceedings of the 11th INDIACom; INDIACom-2017; 2017 4th International Conference on -Computing for Sustainable Global Development", 01st - 03rd March, 2017

2. thAkshay Jain e Dr. Dinesh Kumar, -Performance Analysis of Classification Techniques on various Disease Datasets using Data Mining Tool", Conferência Nacional sobre -Recent Trends in Engineering, Science & Management (NCRTESM-2017)", 18-19 de abril de 2017

REFERÊNCIAS

[1] Anand, T., Pal, R., & Dubey, S. K. (2016, março). Mineração de dados em informática em saúde: técnicas e aplicações. Em Computação para o Desenvolvimento Global Sustentável (INDIACom), 2016 3ª Conferência Internacional sobre (pp. 4023-4029). IEEE.

[2]Chandra, S., & Kaur, M. (2015, outubro). Melhorando a precisão da classificação do nosso classificador adaptativo usando técnicas de processamento de imagem na mineração de dados médicos. Em *Computação Verde e Internet das Coisas (ICGCIoT), Conferência Internacional de 2015* (pp. 948-954). IEEE.

[3] Sharma, R., Singh, S. N., & Khatri, S. (2016, fevereiro). Mineração de dados médicos usando diferentes técnicas de classificação e agrupamento: uma pesquisa crítica. Em *Inteligência Computacional e Tecnologia da Comunicação (CICT), 2016 Segunda Conferência Internacional sobre* (pp. 687-691). IEEE.

[4] Weitschek, E., Felici, G., & Bertolazzi, P. (2013, agosto). Mineração de dados clínicos: problemas, armadilhas e soluções. *Em aplicações de banco de dados e sistemas especializados (DEXA), 2013 24th International Workshop on* (pp. 90-94). IEEE.

[5] AbuKhousa, E., & Campbell, P. (2012, março). Exploração de dados preditivos para apoiar decisões clínicas: uma visão geral dos sistemas de previsão de doenças cardíacas. Em *Innovations in information technology (iit), 2012 international conference on* (pp. 267-272). IEEE.

[6] Jain, D. (2014). Uma comparação de ferramentas de mineração de dados usando a implementação do algoritmo C4. 5. *Revista Internacional de Ciência e Pesquisa Vol3*, (8).

[7] Han, J., Pei, J., & Kamber, M. (2011). *Data mining: conceitos e técnicas*. Elsevier.

[8] Pujari, A. K. (2001). *Técnicas de extração de dados*. Imprensa universitária.

[9] Kumar, V., & Verma, L. (2010). Binary classifiers for healthcare databases: A comparative study of data mining classification algorithms in breast cancer diagnosis. *International Journal of Computer Science and Technology*, *1*(2), 124-129.

[10] Jain, D., & Gautam, S. A study of data mining classification techniques in healthcare. Revista Internacional de Investigação e Desenvolvimento em Tecnologia e Ciências de Gestão -Kailash, Volume - 21, Edição 2, junho de 2014.

[11] Tazin, N., Sabab, S. A., & Chowdhury, M. T. (2016, dezembro). Diagnóstico de doença renal crônica usando classificação eficiente e técnica de seleção de recursos. Em *engenharia médica, informática e tecnologia em saúde (MediTec), 2016 International Conference on* (pp. 1-6). IEEE.

[12] Soliman, S. A., Abbas, S., & Salem, A. B. M. (2015, dezembro). Classificação de doenças trombóticas do colagénio com base no algoritmo C4.5. Em *Computação Inteligente e Sistemas de Informação (ICICIS), 2015 IEEE Seventh International Conference on* (pp. 131-136). IEEE.

[13] Xu, D., Fu, H., & Jiang, W. (2016, dezembro). Pesquisa de diagnóstico de doenças hepáticas baseada na rede neural RS_LMBP. Em *Inteligência*

Computacional e Segurança (CIS), 2016 12ª Conferência Internacional sobre (pp. 646-649). IEEE.

[14] Qian, X., Wang, Y., & Jiang, X. (2014, maio). Modelagem de rede bayesiana paralela para um sistema de monitoramento de saúde onipresente. Em *Workshops do Simpósio de Processamento Paralelo e Distribuído (IPDPSW), 2014 IEEE International* (pp. 16311637). IEEE.

[15] Nahar, J., Ali, A. S., Imam, T., Tickle, K., & Chen, P. (2016, dezembro). Abordagem de inteligência computacional baseada em regras de associação de diagnóstico de câncer cerebral. Em *Computador e Tecnologia da Informação (CIT), 2016 IEEE International Conference on* (pp. 89-95). IEEE.

[16] Jain, D., & Singh, V. (2016). Usando a abordagem de classificação de mineração de dados para previsão de doenças: uma pesquisa. Revista Internacional de Engenharia de Educação e Gestão (IJEME), 2016, 6, 45-52.

[17] Tan, P. N. (2006). *Introdução à extração de dados*. Pearson Education India.

[18] Dunham, M. H. (2006). *Data mining: introductory and advanced topics*. Pearson Education India.

[19] Witten, I. H., & Frank, E. (2005). *Data mining: practical machine learning tools and techniques*. Morgan Kaufmann.

[20] WEKA, da Universidade de Waikato, disponível em : http://www.cs.waikato.ac.nz/ml/weka/, (acedido em 20 de novembro de 2016).

[21] Cios, K. J., Pedrycz, W., & Swiniarski, R. W. (2012). *Métodos de extração de dados para a descoberta de conhecimentos* (Vol. 458). Springer Science &

Business Media.

[22] Duan, L., Street, W. N., & Xu, E. (2011). Sistemas de informação em saúde: métodos de data mining na criação de um sistema de recomendação clínica. *Enterprise Information Systems*, *5*(2), 169-181.

[23] Motka, R., Parmarl, V., Kumar, B., & Verma, A. R. (2013, setembro). Previsão de diabetes mellitus usando diferentes técnicas de mineração de dados. Em *Tecnologia da Computação e Comunicação (ICCCT), 2013 4ª Conferência Internacional sobre* (pp. 99103). IEEE.

[24] Grupo Nacional de Dados sobre a Diabetes. (1979). Classificação e diagnóstico da diabetes mellitus e outras categorias de intolerância à glucose. *Diabetes*, *28*(12), 1039-1057.

[25] Associação Americana de Diabetes. (2006). Diagnóstico e classificação da diabetes mellitus. *Diabetes care*, *29*(1), p43.

[26] Polonsky, T. S., McClelland, R. L., Jorgensen, N. W., Bild, D. E., Burke, G. L., Guerci, A. D., & Greenland, P. (2010). Coronary artery calcium score and risk classification for the prediction of coronary heart disease. *Jama*, *303*(16), 1610-1616.

[27] Rosamond, W., Flegal, K. Freitag, G., Furie, K., Go, A., Greenlund, K., ... & Kittner, S. (2007). Doença cardíaca e AVC estatísticas de AVC-2007 atualizar. *Circulation*, *115* (5), e69-e171.

[28] Delen, D., Walker, G., & Kadam, A. (2005). Predicting survival in breast cancer: a comparison of three data mining methods (Previsão da sobrevivência do cancro da mama: uma comparação de três métodos de extração de dados). *Artificial Intelligence in Medicine*, *34*(2), 113-127.

[29] Sarvestani, A. S., Safavi, A. A., Parandeh, N. M., & Salehi, M. (2010, outubro). Previsão da sobrevivência do cancro da mama utilizando técnicas de extração de dados. Em *Tecnologia e Engenharia de Software (ICSTE), 2010 2nd international conference on* (Vol. 2, pp. V2-227). IEEE.

[30] Tangri, N., Stevens, L. A., Griffith, J., Tighiouart, H., Djurdjev, O., Naimark, D., ... & Levey, A. S. (2011). Um modelo preditivo para a progressão da doença renal crónica para insuficiência renal. *Jama*, *305*(15), 1553-1559.

[31] Levey, A. S., Coresh, J., Balk, E., Kausz, A. T., Levin, A., Steffes, M. W., ... & Eknoyan, G. (2003). National Kidney Foundation practice guidelines for chronic kidney disease: Assessment, classification, and stratification. *Annals of internal medicine*, *139*(2), 137-147.

[32] Kannel, W. B., & Wilson, P. W. (1995). Risk factors attenuating the female advantage in coronary heart disease (Factores de risco que atenuam a vantagem feminina na doença coronária). *Archives of Internal Medicine*, *155*(1), 57-61.

[33] Joshi, S., & Nair, M. K. (2015). Previsão de doenças cardíacas usando técnicas de mineração de dados baseadas em classificação. Em Computational Intelligence in Data Mining-Volume 2 (pp. 503-511). Springer Índia.

[34] Chadha, R., Mayank, S., Vardhan, A., & Pradhan, T. (2016). Aplicação de técnicas de extração de dados à previsão de doenças cardíacas: um inquérito. Em Investigação emergente em computação, informação, comunicação e aplicações (pp. 413-426). Springer Índia.

[35] Krishnaiah, V., Narasimha, G., & Chandra, N. S. (2015). Sistema de previsão de doenças cardíacas usando a técnica de mineração de dados de abordagem fuzzy K-NN. Em Emerging ICT for Bridging the Future-Proceedings of the 49th Annual Convention of the Computer Society of India (CSI) Volume 1 (pp. 371-384). Springer International Publishing.

[36] Chen, A. H., Huang, S. Y., Hong, P. S., Cheng, C. H., & Lin, E. J. (2011, setembro). HDPS: um sistema de previsão de doenças cardíacas. Em Computing in Cardiology, 2011 (pp. 557-560), IEEE.

[37] Jain, D., & Gautam, S. (2014). Previsão dos efeitos renais da diabetes usando classificação em Tanagra. Jornal Internacional de Ciência da Computação e Computação Móvel, 3(4), 535-542.

[38] Vijayarani, S., & Dhayanand, S. (2015). Previsão de doença renal com algoritmos SVM e ANN. Int. J. Comput. Business Res, 6(2).

[39] Shukla, A., Tiwari, R., Kaur, P., & Janghel, R. R. (2009, março). Diagnóstico de doenças da tiroide utilizando redes neurais artificiais. Em Advance Computing Conference, 2009. IACC 2009. IEEE International (pp. 1016-1020). IEEE.

[40] Batra, A., Batra, U., & Singh, V. (2016, março). Uma revisão da metodologia preditiva para o diagnóstico da doença renal crónica. Em Computação para o Desenvolvimento Global Sustentável (INDIACom), 2016 3ª Conferência Internacional sobre (pp. 2760-2763). IEEE.

[41] Vijayarani, S., & Dhayanand, S. (2015). Algoritmos de classificação de mineração de dados para previsão de doenças renais. Revista Internacional de Cibernética e Informática (IJCI).

[42] Saxena, K., & Sharma, R. (2015, setembro). Avaliação do sistema de previsão de diabetes mellitus usando C4. 5 regras e árvore parcial. Em Confiabilidade, Tecnologias de Infocomunicação e Otimização (ICRITO) (Tendências e Direções Futuras), 2015 4ª Conferência Internacional sobre (pp. 1-6). IEEE.

[43] Saxena, K., & Sharma, R. (2015, maio). Sistema eficiente de previsão de doenças cardíacas usando árvore de decisão. Em *Computação, Comunicação e Automação (ICCCA), 2015 Conferência Internacional sobre* (pp. 72-77). IEEE.

[44] Huang, Y., & Li, L. (2011, setembro). Algoritmo de classificação Bayesiano ingénuo baseado num pequeno conjunto de amostras. Em Cloud Computing and Intelligence Systems (CCIS), 2011 IEEE International Conference on (pp. 34-39). IEEE.

[45] Jot Kaur, G., & Chabra, A. Algoritmo de classificação J48 melhorado para previsão de diabetes. Revista Internacional de Aplicações Informáticas (0975-

8887) Vol98, (22Julho2014).

[46] Kaur, B., & Singh, W. (2014). Revisão do sistema de previsão de doenças cardíacas utilizando técnicas de extração de dados. Revista internacional sobre tendências recentes e inovadoras em computação e comunicação, 2(10), 3003-3008.

[47] Peter, T. J., & Somasundaram, K. (2012, março). Um estudo empírico de previsão de doenças cardíacas usando técnicas de mineração de dados de classificação. Em Avanços em Engenharia, Ciência e Gestão (ICAESM), Conferência Internacional de 2012 (pp. 514-518). IEEE.

[48] Lakshmi Devasena C (2014). Comparação do desempenho dos classificadores ZeroR, RIDOR e PART para a previsão inteligente de doenças cardíacas. Revista Internacional de Avanços em Ciência e Tecnologia da Computação (IJACST), Vol.3, No.11, Páginas: 1218 (2014).

[49] [uci] https://archive.ics.uci.edu/ml/datasets.html [Acedido em 2 de março de 2017].

[50] [uci] https://archive.ics.uci.edu/ml/datasets/hepatitis [Acedido em 2 de março de 2017].

[51] [uci] https://archive.ics.uci.edu/ml/datasets/Chronic Doença renal [acedido em 2 de março de 2017].

[52] [uci] http://archive.ics.uci.edu/ml/datasets/Statlog%20(Heart) [Acedido em 2.

março, 2017]

MIX
Papier aus verantwortungsvollen Quellen
Paper from responsible sources
FSC® C105338

Printed by Books on Demand GmbH, Norderstedt / Germany